Introduction

Here's a way to learn more about the great state of Arizona, while having fun at the same time. Explore the Grand Canyon State through dozens of puzzlers. You'll learn about Arizona's geography, people, history, wildlife and more. It's a great way to pass the time while traveling or just sitting around at home!

Once you've completed the puzzles, pick a topic that interests you and check out the other books in our Easy Field Guide® series at www.primerpublishers.com. You can further discover Arizona cactus, snakes, insects, fossils, petroglyphs and more.

Have fun!

Arizona Maze

Arizona is pretty **AMAZING!**

Can you find your way from the **START** to the **END**?

State Colors Puzzler

Discover the names of Arizona's State Colors by finding the correct letter at the intersection of the Arizona images on this grid!

	🌲	🎵	🐟	🌸	🦎
🌵	A	B	C	D	E
⚙	F	G	H	I	J
✈	K	L	M	N	O
☀	P	Q	R	S	T	U
⛵	V	W	X	Y	Z

🌵🎵 ✈🎵 ☀🦎 🌵🦎
___ ___ ___ ___

⚙🎵 ✈🦎 ✈🎵 🌵🌸
___ ___ ___ ___

These were made the official state colors on March 9, 1915.

Arizona Lakes & Rivers Word Search

```
I E O J X F F F H X N Q O O Q K
Z P A E U L B I G S A N D Y S
L S L K T S A N T A M A R I A
O A A A C I E V H N N A F S N
F N K L W A H Q E C P P I M T
E F E E T Z L W D A S M M A A
A R M V P Z A B C R A A F I C
I A E A W L K H V L G Y C L R
R N A J J F E Q G O U A U L U
F C D O B L P A R S A S M I Z
A I V M A V O P S L R S O W F
U S G K E S W Z I A O A C L E
G C E R Q Z E C G K N H A L V
A O D A R O L O C E L T T I L
P E C E K A L N O M R O M B D
```

AGUA FRIA
APACHE LAKE
BIG SANDY
BILL WILLIAMS
BLACK · BLUE
COLORADO
HASSAYAMPA
LAKE MEAD
LAKE PLEASANT
LAKE POWELL
LITTLE COLORADO
MOJAVE LAKE
MORMON LAKE
SALT
SAN CARLOS
SAN CARLOS LAKE
SAGUARO
SAN FRANCISCO
SANTA CRUZ
SANTA MARIA
VERDE · WHITE
WILLIAMS

Ghost Town Tall Letters

Discover the names of four Arizona ghost towns by tilting the page back.

page 5

Secret Code — First Governor

Solve this puzzler and discover the name of the first governor of the state of Arizona by using the letter on the inner wheel to find the correct letter in the outer wheel.

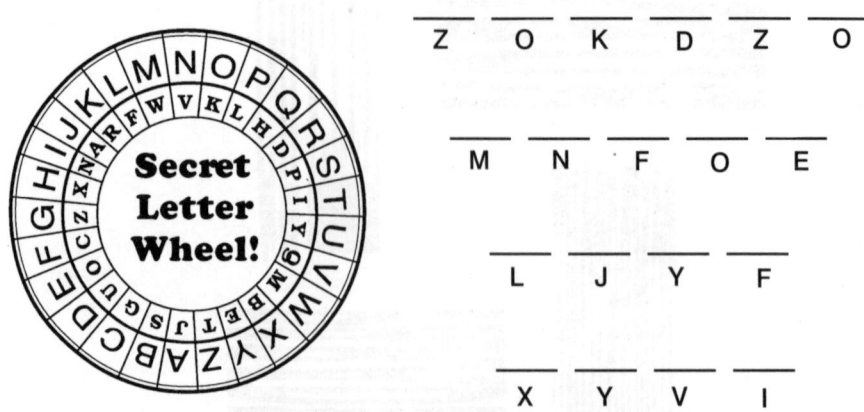

This man set a national record by being elected to the first, second, third, sixth, seventh, eighth and 10th terms as Arizona's governor. He was born in 1859 and died in 1934.

Question In Rhyme — State's Name

Solve this puzzler and and find out where Arizona got it's name.

_____ The first letter's in **SEA**, but never in **SEE**,
_____ The second's in **FREE**, and naught in **FEE**.
_____ The third is in **IN**, and in **BITE** and in **BIT**,
_____ The fourth is in **ZAP**, and in **ZOT**, and in **ZIP**.
_____ The fifth is in **ON**, and in **NO**, and in **TWO**.
_____ The next's not in **CAP**, but in **KNAP** and in **NEW**,
_____ The seventh's in **ARCH**, but never in **RICH**,
_____ The last's not in **HIT**, but you'll find it in **ITCH**.

The name was probably derived from a native place name that sounded like Aleh-zon or Ali-Shonak which meant "small spring" or "place of the small spring." Others think it comes from an Aztec Indian word for "silver-bearing." But no one really knows for sure.

page 7

Arizona Roundabouts

Discover the names of some major exports of Arizona
by finding the first letter and going clockwise or counter-clockwise.

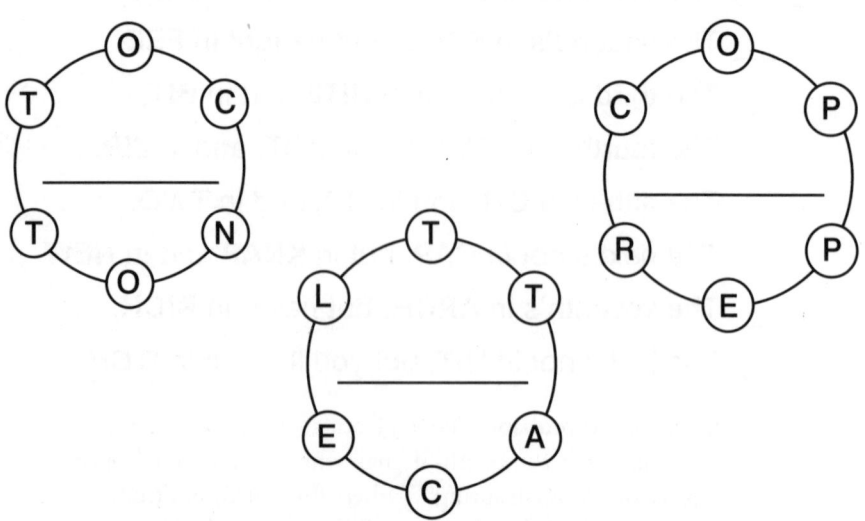

Arizona City Word Search

APACHE JUNCTION
BISBEE · CHANDLER
DOUGLAS · EL MIRAGE
FLAGSTAFF
FOUNTAIN HILLS
GLENDALE
GOODYEAR
HOLBROOK · JEROME
KINGMAN
LAKE HAVASU
LAKESIDE
MARANA · MESA
PAGE · PARKER
PAYSON · PEORIA
PHOENIX · PINETOP
PRESCOTT
QUARTZSITE
SAFFORD
SCOTTSDALE
SEDONA
SIERRA VISTA
SURPRISE
TEMPE · TOMBSTONE
TORTOLITA · TUCSON
WILLCOX · WINSLOW
YUMA

```
W S Q K Z X T J R A W Y H B V S N
W B I S B E E S I R P R U S Q Y J
O A A B K R E L D N A H C M X E I
L M T K O O R B L O H O D B A G L
S E I S E D O N A I T A N A R A M
N S L L I H N I A T N U O F K P P
I A O M U V N O S C U T H E N H O
W L T E I S A D E N O T S B M O T
X G R T S R A R R U B I F K S E E
O U O T O L A V R J D O L E A N N
C O T O E C L G A E D Z A L F I I
L D E Z D M S J E H I B G A F X P
L L Y V D Y P E S C E S S D O D A
I J E R O M E E R A V K T N R E R
W Y K I N G M A N P X A A E D V K
U E E T I S Z T R A U Q F L P Z E
P A Y S O N P E O R I A F G A S R
```

Cactus Maze

The Saguaro Cactus Flower
is the State Flower.
Can you find your way from the
bottom of the cactus
to the flower at the top?

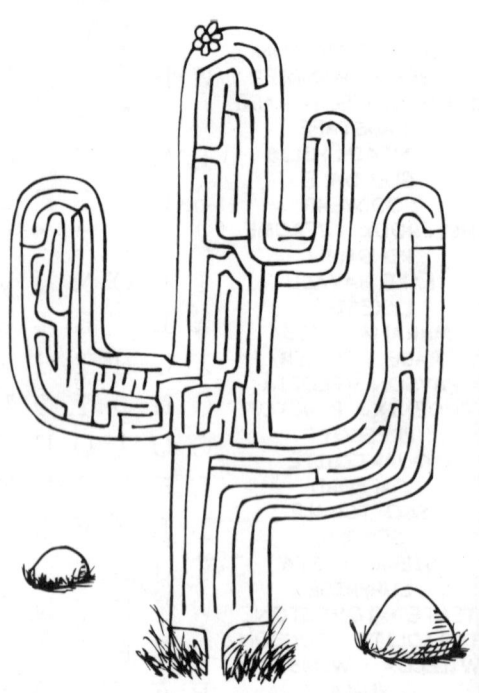

*You can tell
the age
of a
Saguaro Cactus
by its
height!*

Question In Rhyme — Hopi

____ The first letter's in **CORN**, and in **CORE**, and in **NO**,

____ The second's in **RAIN**, and also in **ROW**.

____ The third is in **FALL**, and in **CALL**, and in **AT**,

____ The fourth is in **BIT**, but nary in **BAT**,

____ The next's not in **TOY**, but you'll see it in **BOY**,

____ The sixth is in **BID**, not in **BAD**, or in **BUOY**.

Fill in the blanks with the right letter
and discover the name of the oldest Indian settlement
in the United States, occupied by the Hopi Indians
since 1150 A.D.

Arizona Animal Word Search

```
J N Z M B U H L V I Q C T Q T
L G I L A M O N S T E R Z K C
T R E N N U R D A O R T U A L
I L W O D E N R O H T A E R G
B R R E E D E L U M A C P S Z
B G J C D S D I E P C D J K A
A K B N G B L A C K B E A R S
R E S O E W I U H X O L V E C
K T Q O C Z Z Q E P B I E J O
C H U C K W A L L A I A L X Y
A Q I C O M R Z Q D P T I O O
J O R A E M D H K B D G N C T
B R R R A T T L E S N A K E
D Y E F O G O D E I R I A R P
W R L T D Y J N O I P R O C S
```

- BANDED GECKO
- BLACK BEAR
- BOBCAT
- CHUCKWALLA
- COYOTE
- GILA MONSTER
- GREAT HORNED OWL
- HORNED LIZARD
- JACKRABBIT
- JAVELINA
- LIZARD
- MULE DEER
- OWL
- PRAIRIE DOG
- QUAIL
- RACCOON
- RATTLESNAKE
- RINGTAILED CAT
- ROADRUNNER
- SCORPION
- SNAKE
- SQUIRREL
- TOAD

Sedimentary Puzzler

Sedimentary rock formed over the course of millions of years, as layer upon layer of different kinds of sediment formed different kinds of rock.

Discover where each kind of sedimentary rock comes from by using the letter on the inner wheel to find the correct letter on the outer wheel.

MUD AND CLAY

$\overline{}\ \overline{}\ \overline{}\ \overline{}\ \overline{}$
P X J F O

SEASHELLS

$\overline{}\ \overline{}\ \overline{}\ \overline{}\ \overline{}\ \overline{}\ \overline{}\ \overline{}\ \overline{}$
F N W O P I K V O

SAND DUNES AND BEACHES

$\overline{}\ \overline{}\ \overline{}\ \overline{}\ \overline{}\ \overline{}\ \overline{}\ \overline{}\ \overline{}$
P J V U P I K V O

Picture Puzzler — State Neckwear

Write the name of each item below it.
Rearrange the first letters of each to discover the Official Neckwear of Arizona.

_____ _____ _____ _____ _____ _____ _____

Arizona Fish Word Search

Word List:
- APACHE TROUT
- BLUEGILL · CARP
- CATFISH · CHANNEL CATS
- CHUB · CRAPPIE
- FLATHEAD
- LARGEMOUTH BASS
- MACHETE
- MOSQUITOFISH · MULLET
- NORTHERN PIKE
- PUPFISH · RAINBOW TROUT
- SHAD · SHINER
- SQUAWFISH · STRIPER
- SUCKER · SUNFISH
- TILAPIA · TOPMINNOW
- WALLEYE · WOUNDFIN

```
P Q C R A P P I E Y E L L A W
W N C C A G C A T F I S H F S
O D O H S I F W A U Q S H T E
N A T R U B N S T R I P E R Y
N H P Y T B L B J F R S C Y K
I S S A B H T U O M E G R A L
M I M A C H E T E W I E N T E
P F C I U H I R I G T W P E D
O P L N J U E J N L I R U L A
T U G W Q L J T U P A L O L E
S P X S H I N E R C I P L U H
D P O N I F D N U O W K I M T
J M A D Y H S I F N U S E A A
W S C H A N N E L C A T S R L
X Q G P S U C K E R K U S C F
```

Word Pyramids

In these puzzles, start at the top and add a letter from the word on the bottom row. The letters may be rearranged, but each row must form a word.

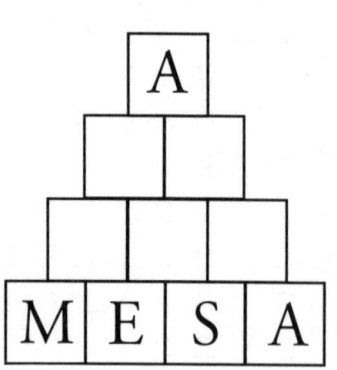

The motto of Mesa is
"Great People, Quality Service."

The Arizona Trout
is found only in Arizona.

Rabbit Maze

The jackrabbit mainly eats grasses, herbs and cactus pads. Some can run as fast as 35 miles per hour!

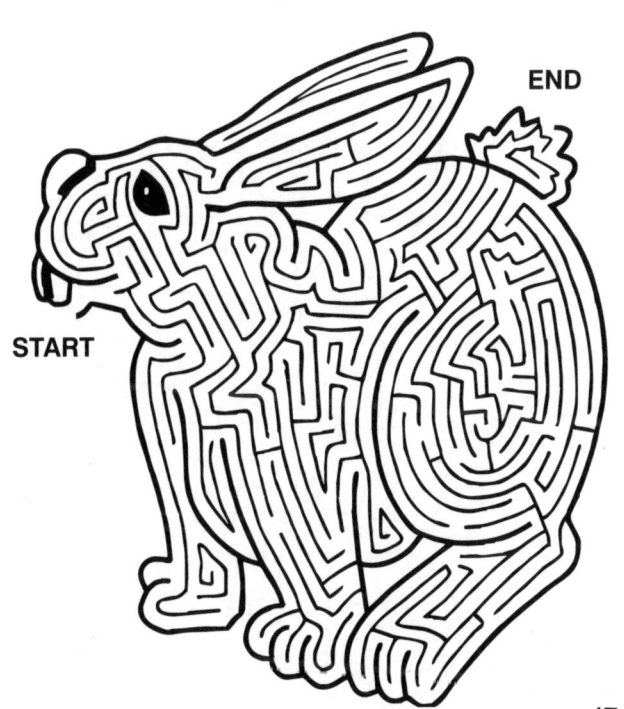

Nickname Letter Jumble

Arizona's official state nickname is The Grand Canyon State.
Fill in the areas with a dot in them and discover another state nickname.

A Date With History

Match the correct event in Arizona's history to the date it happened!
If your history needs help, use the math clues.

1948 ____

A. President Lincoln creates the Arizona Territory.
(368 + 715 + 780)

1889 ____

B. First copper mine opens at Ajo. (699 + 568 + 587)

1863 ____

C. Native Americans get the right to vote.
(879 + 411 + 658)

1854 ____

D. Phoenix becomes capital of Arizona.
(773 + 678 + 438)

1846 ____

E. The Hoover Dam is completed.
(649 + 398 + 889)

1912 ____

F. Mexico goes to war with the United States.
(759 + 831 + 256)

1936 ____

G. Arizona becomes 48th state.
(378 + 96 + 628 + 810)

Fossil Puzzler

Discover the names of some animals whose fossilized remains
have been found in the Grand Canyon by matching
the number in the code with its position in the alphabet (A=1, B=2, etc.).

___ ___ ___ ___ ___ ___ ___ ___
13   1   13   13   15   20   8   19

___ ___ ___ ___   ___ ___ ___ ___ ___
 3   1   22   5   2   5   1   18   19

___ ___ ___ ___ ___ ___ ___ ___
22   21   12   20   21   18   5   19

page 20

Picture Puzzler — Lowest Point

Write the first letter of the name of each item below it.
Rearrange the letters to discover the name
of the river that flows through the lowest point in Arizona.

Rattlesnake Maze

Arizona Birds Word Search

**CARACARA · CARDINAL
CHICKADEE · COOT
CRANE · CUCKOO
DOVE · DUCK · EAGLE
FALCON · FINCH · HAWK
HERON · HUMMINGBIRD
IBIS · JAY · KITE
LARK · LOON
MOCKINGBIRD · ORIOLE
OWL · PIPIT · QUAIL
RAIL · ROADRUNNER
SANDPIPER · SWALLOW
SWAN · SWIFT · TURKEY
VULTURE · WARBLER
WAXWING · WOODPECKER**

```
S Q U A I L G E T I K C U D
S E Z E Y V E O I C F R H O
U J O L M X I R T T O O C V
J F Z G O O K C U C R A N E
R A R A C A R A C T R D I G
L L Y E K S L A H D L R F S
N C D R I B G N I M M U H W
A O O B N D B N C L G N V A
W N I D G L A R K H X N O L
S W A R B L E R A N E E R L
W A X W I N G W D K O R I O
I Y W P R E K C E P D O O W
F S A N D P I P E R O W L N
T D E P P I P I T U R K E Y
```

State Symbols Puzzler

Discover the name of three of Arizona's Official State Symbols by matching the number in the code with its position in the alphabet (A=1, B=2, etc.).

STATE MAMMAL

___ ___ ___ ___ ___ ___ ___ ___
18 9 14 7 20 1 9 12

STATE BIRD

___ ___ ___ ___ ___ ___   ___ ___ ___ ___
3 1 3 20 21 19   23 18 5 14

STATE GEMSTONE

___ ___ ___ ___ ___ ___ ___ ___ ___
20 21 18 17 21 15 9 19 5

Arizona Capital Puzzler

Solve this puzzle by using the letter on the inner wheel
to find the correct letter on the outer wheel.

GUEST RANCH CAPITAL OF THE WORLD

__ __ __ __ __ __ __ __ __ __
M N G R O V S Y D Z

ASTRONOMY CAPITAL OF THE WORLD

__ __ __ __ __ __
I Y G P K V

Bisbee is known as
"The Queen of the Copper Mines."
Scottsdale is known as
"The West's Most Western Town."
Camp Whipple was the
first Provisional Capital
of the Territory of Arizona.

Horse Maze

In Prescott, Arizona, no one is permitted to ride their horse up the stairs of the county court house!

Arizona Crops Puzzler

Fill in the blank spaces in the names of these crops that Arizona produces for the United States. In the highlighted squares, you'll spell the name of the top farm export. You may use a word from the list only once.

APPLES • BARLEY • BROCCOLI • CABBAGE • CARROTS
CAULIFLOWER • CORN • GRAPEFRUIT • GRAPES • HAY • LEMONS
LETTUCE • ONIONS • ORANGES • POTATOES
SORGHUM • SPINACH • TOMATOES • WATERMELONS • WHEAT

Follow the Letters

Arizona has two state songs. Discover one of them by following the right path of letters below. Start at the arrow. You can move forwards or backwards. Some letters may be used more than once.
This particular song has three words and sixteen letters.

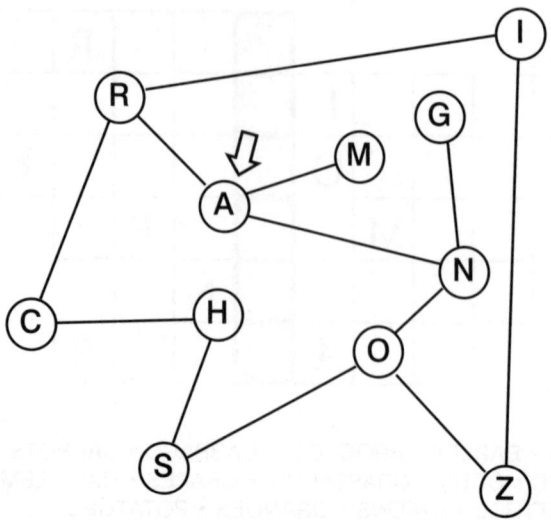

page 28

Word Search: Lakes and Rivers

Word Search: Arizona Cities

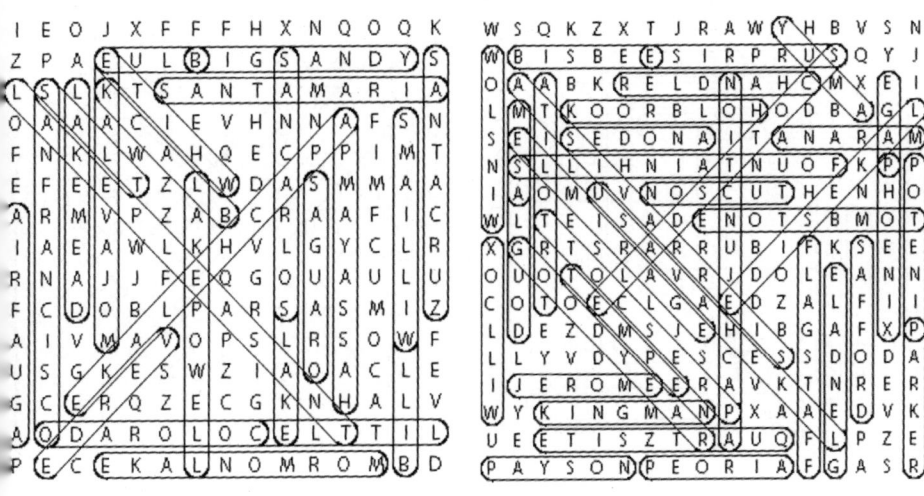

page 29

Word Search: Arizona Animals

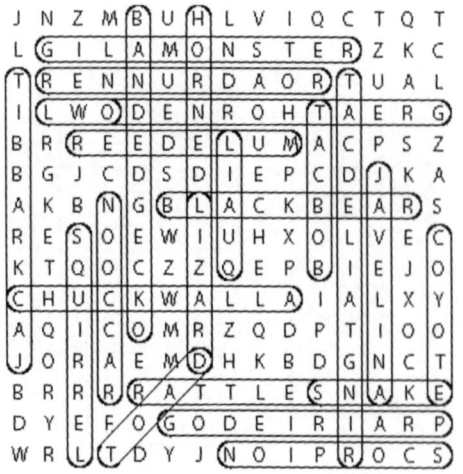

Word Search: Arizona Fish

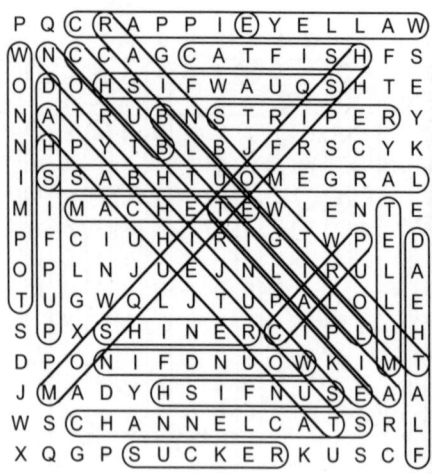

Word Search: Arizona Birds

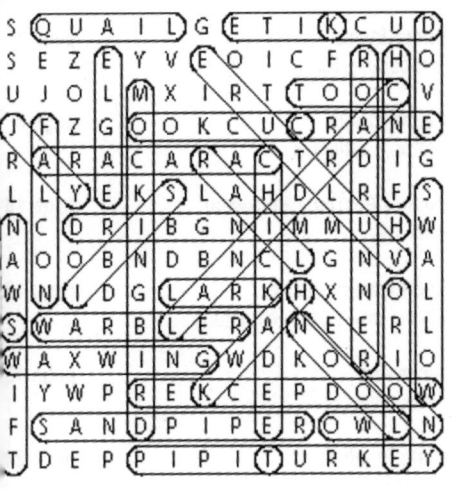

Selected Answers

Question in Rhyme - State's Name page 7
Arizonac

Capital Puzzler page 25
Wickenburg, Tucson

Follow the Letters page 29
Arizona March Song

Crops page 28
Carrots, Cauliflower, Potatoes, Tomatoes, Watermelon, Oranges, COTTON

Date With History page 19
1948-C, 1889-D, 1863-A, 1854-B, 1846-F, 1912-G, 1936-E

Selected Answers

Fossil Puzzler Mammoths, Cave Bears, Vultures	page 20	**Ghost Towns** Tombstone, Ruby, Gilette	page 5
State Colors Blue and Gold	page 3	**Roundabouts** Cotton, Cattle, Copper	page 8
Question in Rhyme - Hopi Oraibi	page 11	**Picture Puzzler - Neckwear** Bola Tie	page 14
Picture Puzzler Colorado	page 21	**Sedimentary Puzzler** Shale, Limestone, Sandstone	page 13
Secret Code - Governor George Wiley Paul Hunt	page 6	**Nickname** The Copper State	page 18
Word Pyramids A, As, Sea, Mesa; O, To, Rot, Tour, Trout	page 16	**State Symbols** Ringtail, Cactus Wren, Turquoise	page 24